Der erste Eisenbahntunnel

In den 1850er-Jahren treiben private Gesellschaften den Bau von Eisenbahnen voran. Der Zürcher Politiker und Wirtschaftsführer Alfred Escher ist Präsident der Nordostbahn. Für die Finanzierung dieser Gesellschaft gründet er 1856 die Schweizerische Kreditanstalt. Bei der Frage einer Alpenbahn favorisiert Escher zunächst den Lukmanier, doch stellt er sich schliesslich hinter die Gotthardvariante und wird Präsident der Gotthardbahn-Gesellschaft. Der Bau der Gotthardbahn wird grösstenteils privat finanziert. Den Zuschlag für den 15 Kilometer langen Tunnel zwischen Göschenen und Airolo bekommt der Genfer Ingenieur Louis Favre.

1872 Die Arbeiten beginnen in Airolo und wenig später auch in Göschenen. Die Sprenglöcher werden mit Druckluftbohrern gebohrt und mit Dynamit gefüllt. Rauch, Hitze und Wassereinbrüche erschweren das Arbeiten.

1875 In Göschenen besetzen Arbeiter den Tunneleingang. Sie protestieren gegen schlechte Arbeitsbedingungen, ungesunde Unterkünfte und hohe Lebenshaltungskosten. Ordnungstruppen schiessen auf die Demonstranten. Vier Arbeiter sterben.

1880 Der Durchschlag erfolgt nach sieben Jahren. Die Mineure reichen ein Foto von Louis Favre durch die Felsöffnung. Im Sommer davor ist der Ingenieur bei einer Baustellenbesichtigung an Herzversagen gestorben. Der Tunnel wird durchgehend als Doppelspur ausgebaut.

Brücken und Kehrtunnel der Anfahrtsrampen sind so beeindruckend wie der 15 Kilometer lange Tunnel. Berühmt ist etwa das Hinaufschrauben der Bahnstrecke beim Dorf Wassen, wo man so dreimal an dem Kirchlein vorbeifährt.

1882 Bei seiner Eröffnung ist der Gotthard-Scheiteltunnel der längste Eisenbahntunnel der Welt. Ab dem 1. Juni nimmt die Gotthard-Bahngesellschaft den Betrieb zwischen Immensee und Chiasso auf. Fahren zunächst höchstens 32 Züge pro Tag durch den Gotthard, nimmt der Verkehr in der Folge rasch zu. Um den Rauch der Dampflokomotiven zu verteilen, wird 1902 eine Lüftungsanlage gebaut.

1920 Die Züge verkehren elektrisch.

1954 / 1957 Die Stationen Airolo und Göschenen werden für den Autoverlad umgebaut.

1980 Mit der Eröffnung des Gotthard-Strassentunnels wird der Autoverlad, die «Rollende Strasse», eingestellt.

Gotthard-Basistunnel GBT

1947 Eduard Gruner, Ingenieur aus Basel, skizziert die visionäre Idee eines Tunnels Amsteg – Biasca. Er plant einen Basistunnel für Schiene und Strasse und als Variante eine zweistöckige Röhre; oben für Autos, unten für die Bahn.

1989 Der Bundesrat beschliesst die sogenannte «Netzvariante», die Kombination von Gotthard-Basistunnel, Lötschberg-Basistunnel sowie dem Hirzeltunnel für die Anbindung der Ostschweiz. Dieser und andere neue Zufahrtslinien werden später zurückgestellt.

1992 Die Schweiz verpflichtet sich in einem Transitabkommen gegenüber der Europäischen Union, neue Verkehrskapazitäten zu schaffen.

Das Schweizer Volk stimmt dem Bundesbeschluss über den Bau der Neuen Eisenbahn-Alpentransversale (NEAT) zu.

1995 Nach ersten Bohrungen steht die Linienführung für den Basistunnel fest und wird genehmigt.

1998 Die AlpTransit Gotthard AG wird als Tochterfirma der SBB gegründet.

1999 Offizieller Baubeginn für den GBT auf der Alpennordseite: Auf der Baustelle in Amsteg beginnen die Vortriebsarbeiten für einen Zugangsstollen. Im Folgejahr beginnen auch die Bauarbeiten auf der Tessiner Seite, mit ersten Sprengungen in Bodio.

2010 In der Weströhre beginnt ab Südportal der Einbau der Bahntechnik. Bis 2012 wird das Teilstück vollständig mit Fahrbahn, Fahrdraht, Stromversorgung, Telekommunikations- und Sicherungsanlagen ausgerüstet.

15. Oktober Weltrekord am Gotthard: Mit dem Hauptdurchschlag in der Oströhre ist der GBT auf einer Länge von 57 Kilometern vollständig durchbrochen.

2014 Der Versuchsbetrieb zwischen Bodio und der Multifunktionsstelle Faido ist beendet. Auf der 13 Kilometer langen Tunnelstrecke fahren die Züge mit bis zu 220 km/h.

2016 Im Juni wird der GBT eröffnet; ab Dezember fahrplanmässiger Normalbetrieb.

2020 Voraussichtliche Eröffnung des Ceneri-Basistunnels für den Normalbetrieb.

SBB CFF FFS

Konrad Beck
Durch den Gotthard. Bau und Betrieb des Basistunnels.

Copyright © 2016 Atlantis-Verlag
an imprint of Orell Füssli Verlag AG, Zurich, Switzerland
www.atlantis-verlag.ch

Mitarbeit beim Kolorieren: Milan Hofstetter
Textredaktion: Hans ten Doornkaat

Die Deutsche Nationalbibliothek verzeichnet diese Publikation in der Deutschen
Nationalbibliografie; detaillierte bibliografische Daten sind im Internet abrufbar über http://dnb.de

Typografie: Manuel Süess, Zürich. Druck: Grafisches Centrum Cuno, Calbe. ISBN 978-3-7152-0715-5 / 2. Auflage 2016

Dieses Sachbilderbuch wurde in Zusammenarbeit mit der SBB
und freundlicher Unterstützung der AlpTransit Gotthard AG erarbeitet.

Auch erhältlich auf Französisch (Editions Rossolis, Bussigny) und Italienisch (Edizioni Casagrande, Bellinzona).

Konrad Beck

Durch den Gotthard

Bau und Betrieb des Gotthard-Basistunnels

Lange vor dem Anbohren des Berges beginnt das Einrichten der Installationsplätze. Zuerst werden Gleise und Strassen angelegt, um Maschinen und Baumaterial heranzuführen. Weil der Basistunnel 57 Kilometer lang sein wird, gibt es die grossen Installationsplätze Nord und Süd. Um die Transportwege im Berg zu verkürzen, werden auch Zwischenbaustellen mit speziellen Zugangsstollen errichtet.

Gotthard-Basistunnel

AlpTransit Gotthard

Kiesdepot

Zement für Beton

Zugangsstollen zur Tunnelbaustelle

Transportanlage für Ausbruchmaterial

Das Wasser aus dem Berg wird aufgefangen. Erst abgekühlt und gereinigt darf es in die Gewässer gelangen.

Stromzulieferung

Neben den Bürogebäuden und der Kantine werden Unterkünfte gebaut. Die meisten Arbeiter wohnen hier, denn sie kommen von weit her; viele aus dem Ausland.

Die Maschinen, die zum Einsatz kommen, sind so gross, dass sie auf dem Installationsplatz oder erst im Tunnel zusammengesetzt werden. Das gilt besonders für die Tunnelbohrmaschinen. Zeitweise arbeiten sich vier TBM durch den Berg.

Kabelrollen

Bauelemente für die Förderanlage

Galleria di base del San Gottardo

AlpTransit Gotthard im Gotthardo

Bürocontainer

Kernstück
des Bohrkopfes

Aussenteil
des Bohrkopfes

Unterschiedliche Gesteinsschichten fordern verschiedenes Vorgehen. Teils wird ein niedriger Tunnel gesprengt und dann ausgeweitet, teils bohrt die Tunnelbohrmaschine (TBM) in der ganzen Höhe aus.

Laufend wird der Vortrieb vermessen, um tief im Berg nicht abzuweichen von der geplanten Richtung. Tunnelbogen und Sprenglöcher werden angezeichnet.

Der Vortriebsbohrwagen wird zum Arbeiten aufgebockt, Felsbohrer werden angesetzt und fressen sich durch das Gestein. Die Lüftungsanlage sorgt für saubere Luft.

Die Bohrlöcher werden mit Sprengstoff geladen. Die Mineure gehen in Deckung und schützen ihr Gehör.

Der Sprengmeister zündet die Sprengladung.
Sobald sich der Rauch verzieht, wird das ausgesprengte Felsmaterial abtransportiert.

Auch wo die Tunnelbohrmaschinen den Vortrieb machen, müssen die Querstollen ausgesprengt werden.
Sie heissen «Querschläge» und verbinden die parallelen Tunnelröhren.

Der runde Bohrkopf
hat 9,5 m Durchmesser.

Mattenversetzgerät: Bis zum Betonieren
halten Matten loses Gestein zurück.

Die TBM rollt nicht: Zwei seitliche Gripper (Hydraulik-
zylinder) stemmen sie ab, und zwei schieben sie vor.

Am 15. Oktober 2010 findet der Hauptdurchschlag statt.
Die AlpTransit Gotthard AG feiert das Ereignis zusammen
mit Behörden, Vertretern der beteiligten Firmen und der SBB.
Und wie immer, wenn Tunnelbauer am Werk sind, ist ihre
Schutzpatronin dabei: eine Statue der Heiligen Barbara.

Der Gotthard-Basistunnel verbessert die Verbindungen von der Nordsee zum Mittelmeer. Flachere Anfahrts-rampen erlauben längere Güterzüge und höheres Tempo. Die Neue Eisenbahn-Alpentransversale NEAT mit dem Ausbau der Lötschberg-Simplon-Linie und den Basis-tunneln durch Gotthard und Ceneri verkürzt aber auch die Fahrzeiten innerhalb der Schweiz.

Portal Erstfeld

Amsteg:
Zugangsstollen sowie ein Kabelstollen
als direkte Verbindung zur unterirdischen
Zentrale des Kraftwerks Amsteg.

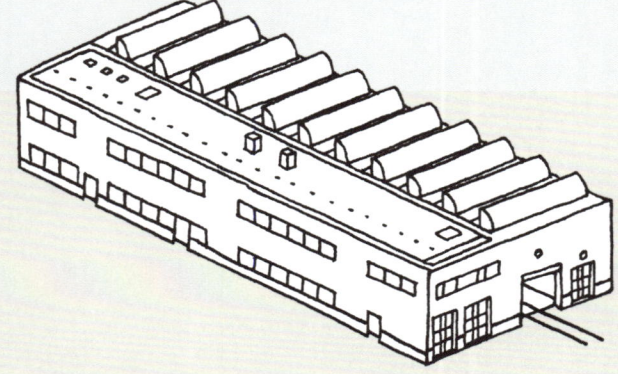

Das Erhaltungs- und Interventi-
onszentrum Nord steht beim
Bahnhof Erstfeld. Das Gegenstück
im Süden ist beim Bahnhof Biasca.

Ein Jahrhundertbauwerk

Mit 57 Kilometern Läge ist der Gotthard-
Basistunnel bei seiner Eröffnung der längste
Eisenbahntunnel der Welt. Auch liegt kein
Tunnel weltweit unter so viel Gestein.
Die Felsüberlagerung beträgt bis zu 2300
Meter.
Der Gotthard-Basistunnel besteht aus zwei
Einspurtunneln. Zählt man alle Verbindungs-
und Zugangsstollen sowie Schächte dazu,
hat die ganze Tunnelanlage eine Länge von
über 150 Kilometern. 2/3 dieser 150 Kilo-
meter haben Tunnelbohrmaschinen gebohrt.
1/3 wurde in den Fels gesprengt.

Beim Hauptdurchschlag am 15. Oktober 2010
betrug die Abweichung zwischen den beiden
Vortrieben horizontal 80 mm und vertikal
10 mm. Abweichungen im Millimeterbereich
bei einem Bauwerk von 57 Kilometern Länge
sind eine Meisterleistung der Ingenieure.
Sie arbeiten mit modernsten Vermessungs-
instrumenten und Satellitensystemen.
Schon beim 15 Kilometer langen Scheiteltunnel
hatte beim Durchstich im Jahr 1880 die
Abweichung nur 33 cm betragen; mit Blick auf
die damalige Vermessungstechnik ebenfalls
eine beeindruckende Leistung.

Etzli-Hütte

Die SAC-Hütte liegt fast über dem Tunnel.
Der Fussweg von Bristen, das Etzlital hinauf, weiter
bis zum Chrüzlipass und hinunter nach Sedrun
verläuft weitgehend über der Linienführung.

Sedrun

Multifunktionsstelle mit Nothaltestellen; erschlossen
über zwei 800 Meter tiefe Schächte, die aber nicht
für Personentransporte verwendet werden.

Richtungsgetrennte Einspurröhren:

Alle 325 Meter befindet sich ein Querschlag
mit Elektroschränken für bahntechnische
Anlagen. 176 Querschläge verbinden so die
Oströhre und die Weströhre. Sie sind mit
Brandschutztüren abgetrennt und bilden
geschützte Räume für elektrische Anlagen
und Telekommunikationseinrichtungen.
Im Ereignisfall dienen die Querschläge als
Fluchtwege in die andere Röhre.
Bei den Nothaltestellen gibt es zusätzliche
Verbindungsstollen (im Abstand von jeweils
50 Metern) als Fluchtröhren.

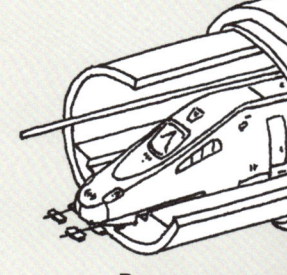

Personenzug

Für den Tunnelbau wurden 28 Millionen Tonnen
Aushub aus dem Berg geschafft.
Würde diese Menge auf Güterwagen geladen,
hätte dieser Zug eine Länge von Zürich bis Chicago.
Aufgehäuft würde die Masse des Aushubs etwa eine
«Matterhornspitze» ergeben. Aber auch ein anderer
Vergleich sagt viel: Der Gesteinshaufen des gesamten
Aushubs entspricht mehr als der Hälfte der Kies-
menge, die in der Schweiz jährlich abgebaut wird.

Güterzug

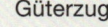

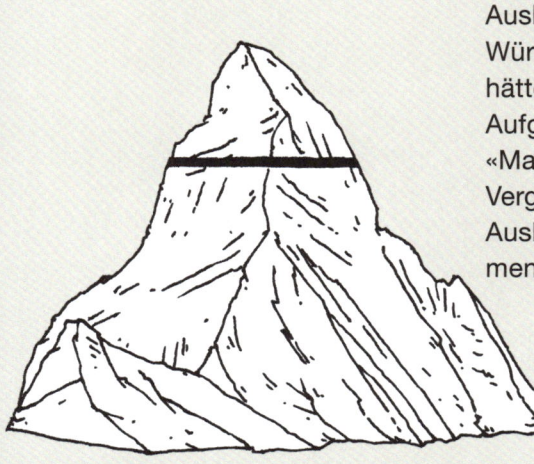

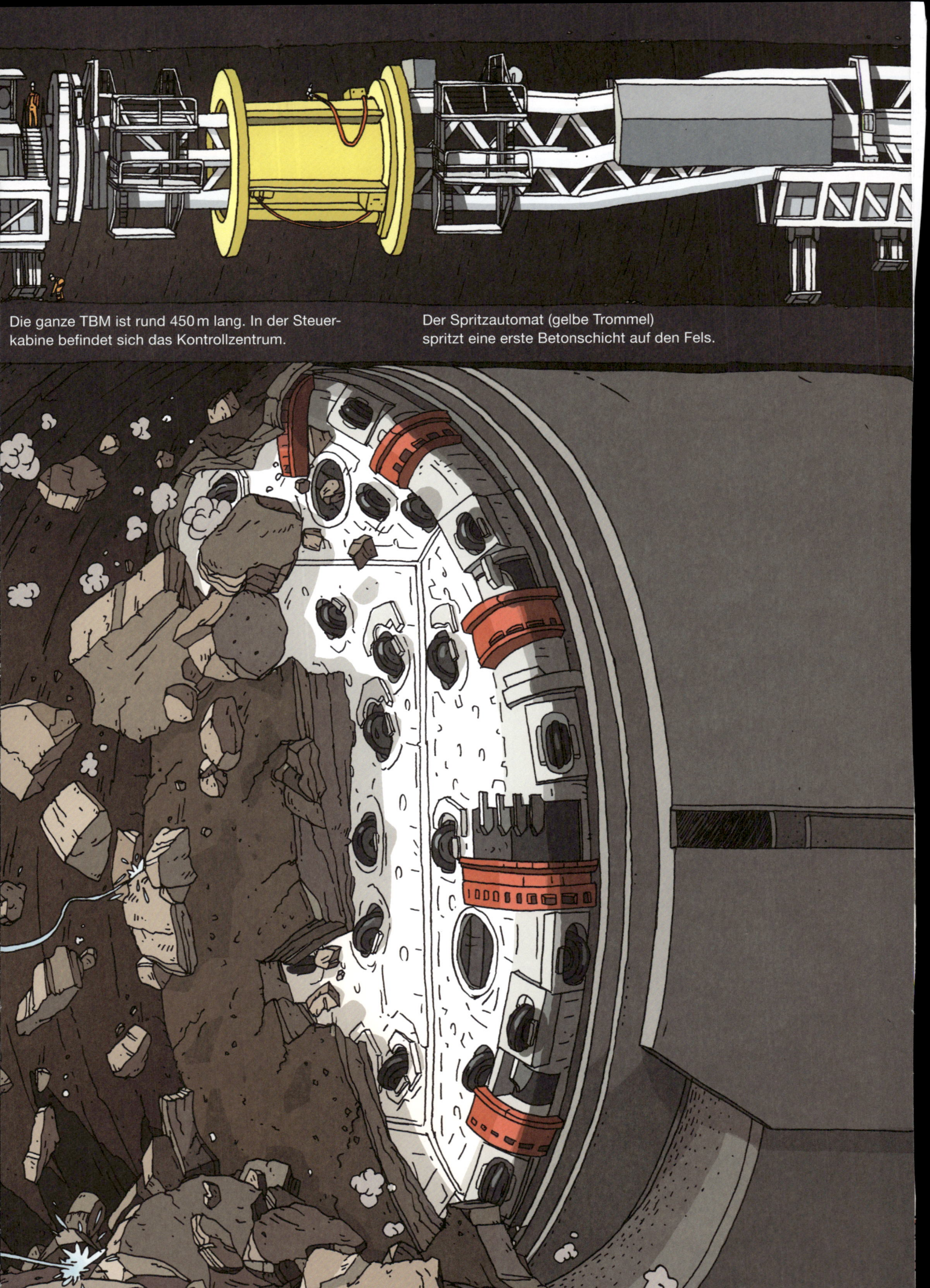

Die ganze TBM ist rund 450 m lang. In der Steuer-
kabine befindet sich das Kontrollzentrum.

Der Spritzautomat (gelbe Trommel)
spritzt eine erste Betonschicht auf den Fels.

Der Sicherheitsabstand war in Wirklichkeit viel grösser. Der Illustrator hat die Distanz verkürzt, damit die Szene in einem Bild Platz findet und trotzdem Details zu erkennen sind.

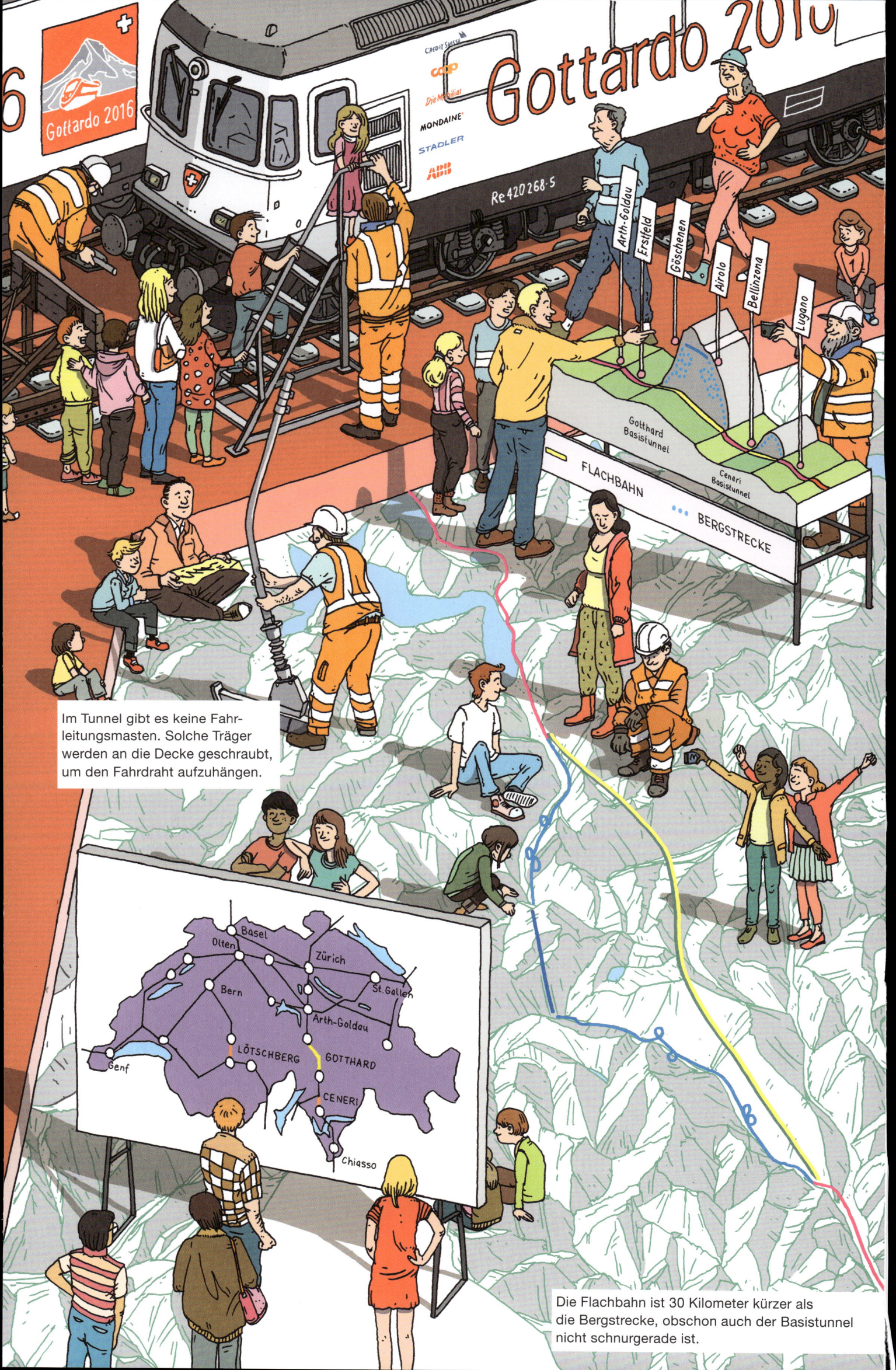

Im Tunnel gibt es keine Fahrleitungsmasten. Solche Träger werden an die Decke geschraubt, um den Fahrdraht aufzuhängen.

Die Flachbahn ist 30 Kilometer kürzer als die Bergstrecke, obschon auch der Basistunnel nicht schnurgerade ist.

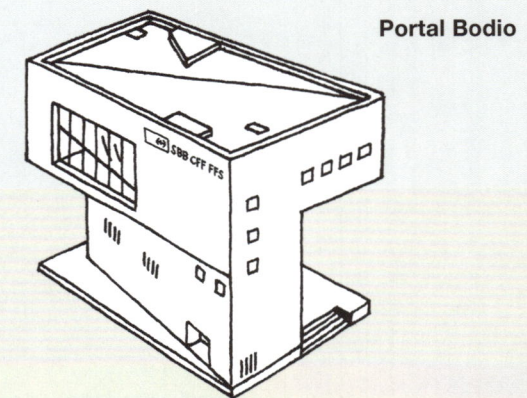

Portal Bodio

Die Mitarbeitenden in der Betriebszentrale Süd
in Pollegio überwachen den ganzen Bahnverkehr
zwischen Arth-Goldau und Chiasso.

65 Personenzüge täglich

Ab Ende 2020 wird die Fahrt zwischen den
nördlichen Landesteilen und dem Tessin bis zu
einer Stunde weniger lang dauern als heute.
Weil neue und modernisierte Züge eingesetzt
werden können, wird das Reisen auch bequemer.

Die richtungsgetrennten Gleise machen die Fahrt
durch den Tunnel noch sicherer. Wetterbedingte
Streckenunterbrüche werden kaum mehr vorkom-
men, so dass die Züge zuverlässiger verkehren.

260 Güterzüge täglich

Die Güterzüge werden nicht nur schneller fahren
und ohne zusätzliche Lokomotive auskommen,
sondern neu auch bis zu 750 Meter lang sein.
Bisher wurden jährlich etwa 20 Millionen Tonnen
Güter auf der Gotthard-Bergstrecke transportiert.
Ab Ende 2020 können jährlich etwa 50 Millionen
Tonnen über die Flachbahnstrecke transportiert
werden. Das entspricht einem Güterzug von
12 785 Kilometern Länge oder dem Durchmesser
der Erde.

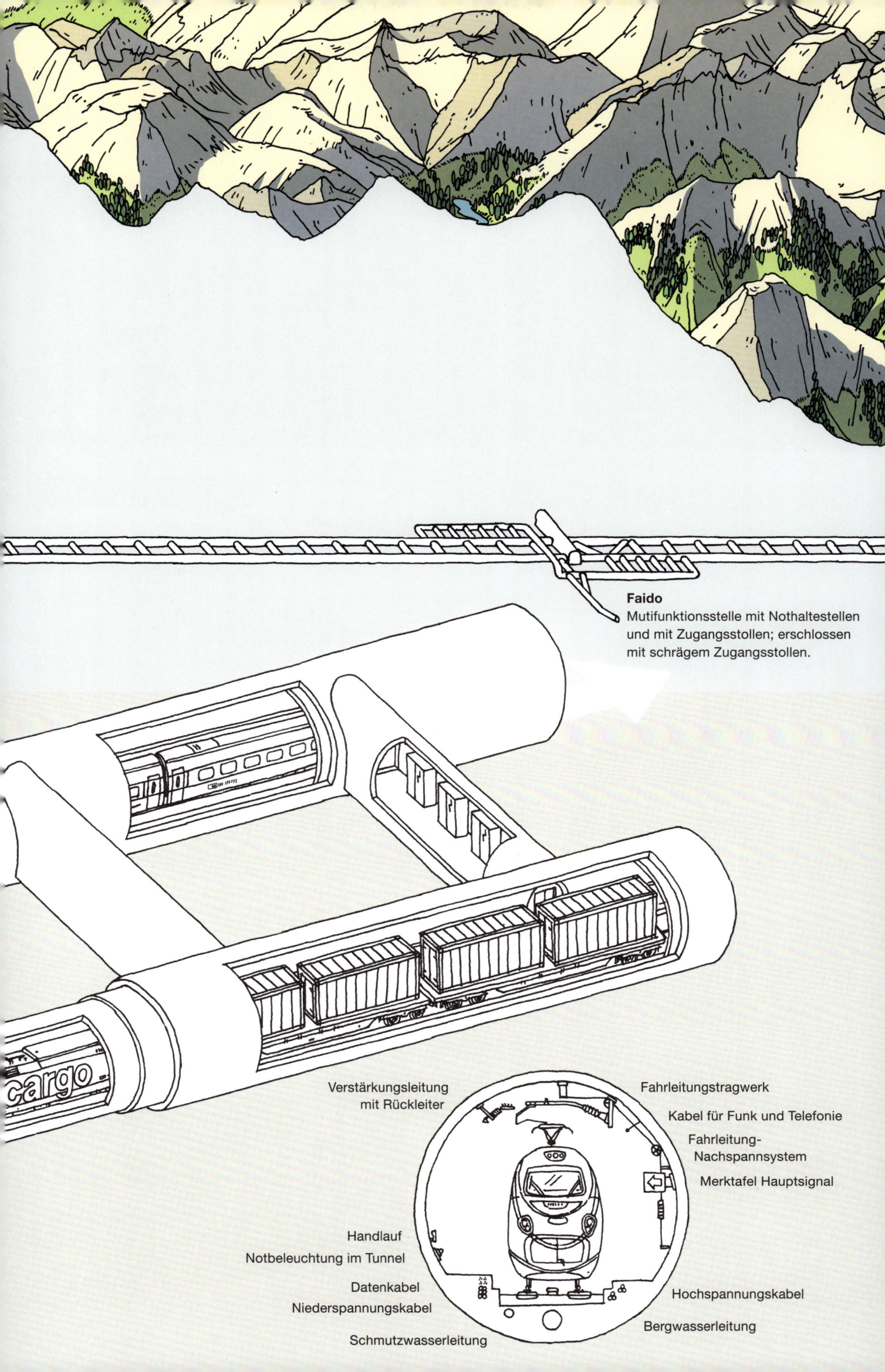

Faido
Mutifunktionsstelle mit Nothaltestellen
und mit Zugangsstollen; erschlossen
mit schrägem Zugangsstollen.

Verstärkungsleitung
mit Rückleiter

Fahrleitungstragwerk

Kabel für Funk und Telefonie

Fahrleitung-
Nachspannsystem

Merktafel Hauptsignal

Handlauf

Notbeleuchtung im Tunnel

Datenkabel

Niederspannungskabel

Hochspannungskabel

Bergwasserleitung

Schmutzwasserleitung

Das Felsmaterial wird im Tunnel auf Förderbänder gebaggert und laufend hinaustransportiert.

Der Aushub wird nicht weggeführt. Er kommt in Aufbereitungsanlagen, die speziell für die Tunnelbaustellen entwickelt wurden.

Weil Beton nur mit Rundkies gemacht werden kann, werden die Felsbrocken hier zuerst verkleinert, die Kanten gerundet und die Steine schliesslich nach Grösse sortiert.

Das aufbereitete Aushubmaterial wird verwendet
für den Tunnelausbau sowie für Betonbauten
und Bahndämme der Zufahrtsstrecken.
Diese Wiederverwertung spart viele Transportfahrten.
Zudem werden die natürlichen Kiesvorkommen
geschont, und es entstehen keine Lieferengpässe
für andere Baustellen.

Sauberes Material, das nicht zu Beton verarbeitet
werden kann, wird abtransportiert und für Dammbauten,
Insel- und Geländeaufschüttungen genutzt.

Das lose Gestein wird aufgebaggert. Eine Schicht aus Spritzbeton sichert den Fels gegen Ausbrechen.

Noch fahren die Maschinen auf Baubahngleisen. Speziell entwickelte Abdichtungsfolien werden ausgerollt und fixiert.

Die seitlichen Wege werden mit Fertigelementen aufgebaut. In diesen «Banketten» laufen die Kabel und Rohre der Bahntechnik.

Die Schienen werden auf die Fahrbahn abgeladen und verschweisst.

Plastikfolien leiten das Bergwasser ab in das Entwässerungsrohr. Die Tunnelsohle wird betoniert.

Abschnitt um Abschnitt wird das 30 cm dicke Betongewölbe hinter die Schalung gegossen.

Nur die Stromkabel für die Baustellenbeleuchtung hängen an der Wand. Der Handlauf und die Notbeleuchtung werden montiert und die Türen, die jeden Querschlag abdichten.

Auch wenn man inzwischen leichter hinaus- und hineinfahren kann, machen die Arbeiter ihre Essenspausen vor Ort.

Die Schwellen werden blockweise angeliefert und abgeladen. Die Schwellenblöcke werden mit fahrbaren Hebeeinrichtungen nach allen Seiten hin exakt ausgerichtet.

Jetzt erst werden die Schwellen auf der Fahrbahn einbetoniert. Eine Betonfabrik, erstmals auf einen Zug gebaut, liefert Frischbeton in höchster Qualität.

Insgesamt 2860 Tragwerke für die Fahrleitung werden an den Tunnelwänden angebracht.

Das Drahtseil, an dem der Fahrdraht hängt, wird eingezogen. In den Zwischenstollen werden technische Geräte installiert, zum Beispiel Lüftungs- und Kühlanlagen.

Der Messwagen kontrolliert millimetergenau, denn die Schienenbefestigung kann nachher nicht mehr verschoben werden.

Es ist warm mitten im Berg. Deshalb muss der ausgegossene Beton abgedeckt werden. So trocknet er langsamer und bekommt weniger Risse.

Gleichzeitig geht der Ausbau der Querstollen weiter. Auch hier sorgen Handlauf und Notbeleuchtung für Sicherheit im Ereignisfall.

Während all dieser Arbeiten kann keine Maschine zur Seite ausweichen oder wenden. Deshalb wurde jeder Arbeitsschritt zuvor auf einer Muster-Gleisstrecke geübt.

Es ist «Tag der offenen Tür» bei einem der Erhaltungs- und Interventionszentren der SBB. Bei jedem Tunnelportal ist ein Lösch- und Rettungszug stationiert.

Im Alarmfall werden Reisende in Rettungswagen oder mit einem Evakuierungszug aus dem Tunnel gefahren.

Auf dem Gerätewagen und dem Tanklöschwagen sind Spritzen für Wasser und Löschschaum.

Das Material für Unterhaltsarbeiten im Tunnel wird auf verschiedenen Bahnwagen an den Einsatzort gefahren und abgeladen. Arbeiten werden vor allem an Wochenenden und in der Nacht durchgeführt.

Das Diagnosefahrzeug erkundet Schäden vor Ort. Wenn die Behebung nicht bis zur nächsten Unterhaltsphase warten kann, wird die kurzfristige Reparatur genau vorbereitet und in verkehrsarmen Stunden ausgeführt.

SBB CFF FFS

Mit dem Abschluss des Rohbaus beginnt der Ausbau.
Während im Tunnel die Bahntechnik eingebaut wird, beginnt auf den Installationsplätzen schon der Rückbau.

Der Boden, auf dem Baumaschinen und Material standen oder das Ausbruchmaterial verkleinert wurde, wird nach Möglichkeit wieder von der Landwirtschaft genutzt.

Nach und nach entdecken Zugvögel auf dem Weg nach Süden oder Norden die neuen Rastplätze.

Fast sechs Jahre sind allein seit dem Hauptdurchstich vergangen. Nicht nur der Ausbau braucht Zeit, sondern auch das Erproben aller Anlagen und Sicherheitseinrichtungen. Unzählige Testzüge befahren die neue Flachbahnstrecke.

Im Juni 2016 wird der Gotthard-Basistunnel mit verschiedenen Festen eröffnet.
Bald fahren täglich Menschen und Güter durch beide Röhren.

Jetzt weisst du, weshalb man auch von einem «Jahrhundertbauwerk» spricht.
Und vielleicht denkst du an die vielen, die daran gebaut haben, wenn du das nächste Mal hindurch fährst.

In Spitzenzeiten arbeiteten rund 2400 Personen auf der Baustelle im Gotthard-Basistunnel.

Geomatiker/in

Kein grosses Bauwerk ohne Planung, kein Plan ohne Vermessung. Deshalb gehören die Geomatiker und Geomatikerinnen zu den Fachleuten, die im Gelände zu arbeiten anfangen, wenn noch nichts zu sehen ist von allem. Mit optischen und elektronischen Geräten vermessen sie Höhen und Distanzen, heute auch mit Funkverbindung zu Messsatelliten. Das gesammelte Datenmaterial dient als Rechnungsgrundlage, die zu Geländelinien und Höhenangaben auf den Plänen führt.

Geomatikerinnen und Geomatiker müssen also Rechenprogramme beherrschen, aber auch im Freien arbeiten. Und sie werden auch im Berg gebraucht, denn sie legen die Arbeitsrichtung der Maschinen fest, und sie kontrollieren das Einhalten der Vorgaben. Geomatiker und Geomatikerinnen lernen ihren Beruf an Hochschulen, Fachhochschulen oder auch in einer Lehre.

Das Wissen der Geomatikerinnen und Geomatiker ist auch nach der Inbetriebnahme von Tunnel gefragt: Sie messen nach, ob der Bergdruck die Form der Röhre verändert, und wenn Unterhalts- oder Anpassungsarbeiten anstehen. Das gilt auch für Brücken, Schutzbauten, kurzum: Geomatikerinnen und Geomatiker überprüfen laufend das ganze SBB Schienennetz und erarbeiten die Planungsgrundlagen für alle Bauvorhaben.

Bauingenieur/in

Bauingenieure und Bauingenieurinnen sind für das ganze SBB Schienennetz zuständig. Rund 6000 Brücken und 300 Tunnel, aber auch alle Bahnhöfe, Lärmschutz und andere Schutzbauten müssen laufend unterhalten, erneuert und erweitert werden. Dazu arbeiten die Bauingenieure und Bauingenieurinnen mit Architekten und weiteren Ingenieuren zusammen.

Allein schon auf den Baustellen gibt es viel zu organisieren: Welche Arbeit muss fertig sein, bevor die nächste ausgeführt wird? Wie wird das Material herantransportiert? Wo lagert es, bis es zum Einsatz kommt?

Die Bauingenieure und Bauingenieurinnen sind natürlich von Anfang an dabei: Sie erstellen Pläne, suchen mit weiteren Fachleuten die besten Lösungen und berücksichtigen stets die Sicherheits- und Gesetzesbestimmungen. Sie sind auch für die Zeitpläne verantwortlich, berechnen Kosten und überwachen diese, sie erteilen Aufträge, planen die Zusammenarbeit der beteiligten Firmen und kontrollieren, ob die geplanten Termine eingehalten werden. Leute, die in diesem Berufsfeld arbeiten, haben an einer Fachhochschule oder Universität studiert. Sie sind viel an Sitzungen und am Computer. Sie sind aber auch auf dem Bau, denn ihr Blick fürs Ganze ist unerlässlich, damit Geplantes und Gebautes übereinstimmen.

Mineur

Ein Mineur arbeitet immer wieder an Orten, die noch kein Mensch je betreten hat. An der Tunnelbrust, dort, wo der Fels ausgebrochen wird, betritt er mit jedem Meter Neuland. Natürlich kommt die Spitzhacke kaum noch zum Einsatz. Mineure gehen mit den grossen Baumaschinen ans Werk, die heute im Vortrieb eingesetzt werden.

Die meisten Mineure arbeiten zuerst auf dem Bau, als Maurer oder Mechaniker, und lernen dann in der Tunnelbaufirma ihr Spezialhandwerk. Einige werden Maschinenführer oder Sprengmeister.

Wenn Mineure in einem langen Tunnel am Werk sind, arbeiten sie im Schichtbetrieb. Draussen ist vielleicht ein heller Wintertag, während es im Stollen heiss ist und ohne Scheinwerfer vollkommen dunkel wäre. Das Arbeiten tief im Berg verbindet die Mineure. In ihrem Team muss sich jeder auf jeden verlassen können, vom Sprengen bis zum Anbringen des Spritzbetons.

Da viele auch fern von ihren Familien arbeiten, sind die Mineure der gleichen Schicht an der Arbeit, in der Kantine und in den Unterkünften zusammen.

Wer noch mehr wissen möchte über einzelne Bauetappen und Spezialarbeiten im Gotthard-Basistunnel, findet detaillierte Informationen auf der Website www.alptransit.ch. Unter «Media» sind die Links zu den Filmen (im Netz noch bis 2020).